La Réforme de la taxe des lettres en France et en Angleterre

1847

LÉON FAUCHER

TABLE DES MATIÈRES

LA RÉFORME DE LA TAXE DES LETTRES EN FRANCE ET EN ANGLETERRE

I. The State and Prospects of the Penny Postage, by R. Hill.1844.
II. The Administration of the Post-Office. 1844.
III. Post-Office, Mail-returns. 24 march 1846.
IV. De la Taxation des lettres, par M. Piron. 1837.
V. Développemens de la proposition de M. de Saint-Priest. 1844.
VI. Rapport de M. Chégaray. 1844.
VII. Projet de loi relatif à la taxe des lettres. 1846.
VIII. Rapport de M. Vuitry. 1846.
IX. Développemens de la proposition de M. Glais-Bizoin. 1847.
X. Rapport de M. Émile de Girardin.
XI. De la Réforme postale, par M. Barillon. 1847.

Le XIXe siècle sera considéré dans l'histoire comme l'âge de l'industrie. L'Angleterre en a donné l'exemple, et tous les peuples civilisés la suivent aujourd'hui de près ou de loin dans cette carrière. Le travail manufacturier est en pleine activité depuis Barcelone jusqu'à Moscou, et depuis la Delaware jusqu'au Danube. Partout fume la vapeur, partout on met en œuvre le fer, le coton, la laine, le lin et la soie. Les produits de grande consommation et les objets de luxe, chaque peuple veut fabriquer tout ce qui est à son usage. Les nations recherchent les ingénieurs, les mécaniciens et les chimistes, comme elles recherchaient naguère encore les officiers et les soldats. A une mine d'or ou d'argent, l'on préfère de nos jours une mine de houille. Liverpool, Manchester, Leeds, Birmingham, Newcastle, Lowell, Paris, Lyon, Saint-Étienne et Mulhouse, voilà les modèles que l'on propose à l'émulation dans les deux hémisphères.

A la faveur de cet empressement, l'industrie a fait, depuis cinquante ans, d'immenses progrès dans le monde. La production s'est développée presque sans limites. Les bras ont été multipliés à l'infini par les machines, et, bien que la mécanique remplace l'action de l'homme, chaque machine nouvelle a, pour ainsi dire, enfanté un nouveau groupe d'ouvriers. La force intelligente s'est accrue avec la force brute. En moins d'un demi-siècle, le travail du fer, du coton et de la laine donnait naissance à des villes de cent à trois cent mille habitans. Salaires, capitaux, tout s'élevait avec le flot de cette mer montante. La fortune mobilière, phénomène ébauché par Venise et par la Hollande, se fondait, dans tous les grands centres de civilisation, à côté de la propriété foncière, dont la valeur allait s'augmentant par contre-coup.

Cependant, quels qu'aient été les progrès de l'industrie, le développement des communications paraîtra, s'il se peut, plus rapide encore et plus gigantesque. Pour citer d'abord l'Angleterre, en 1770, les routes étaient si mauvaises dans ce pays, qu'Arthur Young les comparait, par un effort d'imagination, aux chemins de l'enfer. Soixante ans après, les seules routes à barrières de l'Angleterre et du pays de Galles présentaient une étendue d'environ 29,000 kilomètres unis et sablés comme les allées d'un parc. En 1798, il fallait dix-neuf heures pour parcourir, au moyen d'un service de diligences accélérées, les 80 milles (128 kilomètres) qui séparent Gosport de Londres ; dès 1830, cette distance était franchie en huit heures par les malle-postes. Aujourd'hui, l'on voyage à raison de 50 milles à l'heure (plus de 20 lieues) sur les chemins de fer anglais.

L'acte qui autorisait l'exécution du canal de Bridgwater fut rendu en 1759. Il fallut alors toute la persévérance du duc de Bridgwater et le génie de Brindley pour mener à fin l'entreprise. Depuis, l'esprit pratique de la nation n'a pas tardé à aplanir les obstacles. La navigation intérieure sur les canaux ou sur les rivières canalisées offre, pour l'Angleterre seule, un développement de 4,000 milles ou de 6,400 kilomètres. Les États-Unis, en imitant la Grande-Bretagne, l'ont encore dépassée et vaincue. Même après le canal calédonien, canal maritime qui fait passer les navires de la mer du Nord dans la mer d'Irlande, on peut citer encore le canal Érié, cette communication sans fin qui joint les mers intérieures de l'Union à l'Hudson et à l'Atlantique.

Enfin l'exécution des chemins de fer présente le plus grand triomphe que l'esprit d'association ait remporté depuis vingt ans en Europe et en Amérique. La première ligne employée au transport des voyageurs fut celle de Liverpool à Manchester, inaugurée en 1827. Aujourd'hui, l'Angleterre compte près de 3,000 milles (4,800 kilomètres) de chemins de fer en exploitation, et une étendue presque égale en voie de construction. On peut évaluer à plus de 3 milliards de francs les capitaux effectivement dépensés, et à plus de 5 milliards les capitaux engagés dans ces entreprises. Le reste de l'Europe suit le mouvement, quoique d'un pas inégal. La Belgique a relié ensemble par un réseau de 500 kilom. les provinces un peu hétérogènes de son territoire, et la Prusse emploie les chemins de fer à diminuer la longueur sans largeur, à fortifier les points vulnérables du sien. Avant quatre ans, la France comptera mille lieues de railways ; l'Allemagne les a déjà, et l'Italie entre en lice. C'est à qui s'appropriera désormais cette invention féconde, qui ne crée pas seulement des relations nouvelles, mais qui fournit encore à l'état, comme on l'a dit, des rênes de gouvernement.

Les chemins de fer abrégeaient déjà les distances ; le télégraphe électrique les supprime. En moins de deux minutes, on peut envoyer un avis à Versailles et recevoir la réponse par la même voie. Il ne faudra pas un intervalle plus long, lorsque la ligne de fer sera établie sans interruption, pour communiquer de Paris avec Marseille. L'électricité franchit les distances aussi rapidement que la pensée, et, s'il était possible de réaliser dès à présent ce rêve de quelques imaginations saint-simoniennes, qui consistait à unir par un anneau de fer continu Pétersbourg avec Madrid et Londres avec Calcutta, au moyen du télégraphe électrique, on aurait la faculté de compter plusieurs fois par jour les pulsations du globe.

En attendant l'accomplissement de ces grandes et merveilleuses destinées, l'usage du télégraphe électrique est tombé en Angleterre dans le domaine public. Sur le chemin de fer de Londres à Southampton, il n'en coûte pas plus pour expédier ainsi une dépêche d'une extrémité de la ligne à l'autre extrémité qu'il n'en coûterait en France pour envoyer par la poste une lettre simple à Perpignan ou à Marseille. Assurément, si la taxe des lettres s'élevait encore en moyenne, comme avant la réforme de 1839, à 90 centimes par lettre circulant de bureau à bureau dans la Grande-Bretagne, l'invention et l'usage du télégraphe électrique en auraient bien vite annulé les résultats pour le trésor ; mais l'Angleterre s'est montrée prévoyante et conséquente. En facilitant le transport des marchandises et les relations personnelles, elle a voulu aplanir aussi les communications de la pensée. Avec l'ère des chemins de fer dans le royaume-uni coïncide la réduction de la taxe des lettres au taux uniforme d'un penny ou de 10 centimes. Pendant que le nombre des voyageurs s'accroissait dans la proportion du simple au triple, la circulation à bon marché faisait monter le nombre des lettres de 75 millions à 300 millions par année.

La réforme du tarif de la poste a été proposée presque en même temps des deux côtés du détroit. La brochure de M. Rowland Bill, l'heureux promoteur de la taxe à 10 centimes, parut à Londres vers la fin de 1836. L'ouvrage de M. Piron, qui proposait une taxe uniforme de 10 centimes pour les lettres de la ville à la ville, et une taxe uniforme de 20 centimes pour les lettres circulant d'un bureau à l'autre, fut publié à Paris à peine un an plus tard. Il y a mieux : la combinaison qui consiste à représenter par un timbre le port d'une lettre payée à l'avance et à économiser ainsi une partie du temps nécessaire à la distribution est une invention toute française. Il y a déjà près de deux cents ans (1653) que M. de Vélayer, à qui l'on doit le service de la petite poste, établissait à Paris un bureau où l'on vendait, à raison d'un sou pièce, des enveloppes qui faisaient arriver les lettres franches de port à leur destination.

La pensée de l'affranchissement préalable a eu la même fortune que l'invention de la vapeur et que celle de la chaudière tubulaire. La théorie appartient à la France, et l'application à la Grande-Bretagne. Il a fallu, avant de se naturaliser chez nous, qu'elle allât d'abord chercher un terrain pratique de l'autre côté du détroit. M. de Vélayer, Papin et M. Séguin étaient de cette race des précurseurs qui a l'éclat vague et passager des météores ; Watt, Stephenson et Rowland Hill étaient de ces hommes dont la Providence a fait les missionnaires d'un progrès, et qui apportent l'énergie victorieuse de la foi dans leur lutte contre les obstacles.

N'oublions pas quelle est la différence des habitudes et des caractères dans les deux contrées. En France, les idées et même les intérêts ne suffisent pas pour émouvoir l'opinion publique ; il faut que la passion s'en mêle et que les circonstances donnent le branle. Les citoyens ne sortent de leur sphère individuelle et ne portent leurs regards au-delà de cet horizon étroit que lorsqu'ils sentent la terre tremblera. Ils réservent leur intelligence et leur résolution pour le grand jour d'une commotion sociale. Dans la Grande-Bretagne, au contraire, tout projet d'amélioration, bien ou mal combiné, trouve sur-le-champ des prosélytes. L'opinion publique s'éveille au premier appel qu'on lui adresse. Les journaux font feu, les pamphlets se multiplient ; le débat est porté devant des réunions nombreuses dont la presse enregistre les moindres paroles ; les convictions se forment, s'étendent et s'enracinent, jusqu'à ce que l'agitation, ayant grandi et étant devenue à peu près irrésistible, vienne frapper à la porte du parlement.

Quoique le développement en quelque sorte régulier de l'agitation fasse partie des mœurs publiques dans le royaume-uni, il n'y avait certainement pas d'exemple, avant la réforme provoquée par M. Rowland Hill, d'un succès aussi prompt ni aussi facile. L'émancipation des catholiques ne prit rang, en 1829, parmi les lois de l'état, qu'après avoir servi de texte à la formation et à la retraite de plusieurs ministères, qu'après avoir déterminé des commotions formidables en Irlande, et le jour seulement où le duc de Wellington comprit que le gouvernement de l'Irlande, tombant dans les mains d'O'Connell, allait échapper à l'aristocratie britannique. La réforme électorale ne fut promulguée en 1832, par le ministère de lord Grey, qu'après cinquante ans de discussion, à la lueur des émeutes populaires et grace à l'impulsion communiquée aux peuples de l'Europe par notre révolution de juillet. La ligue elle-même, cet admirable mouvement de la bourgeoisie manufacturière en faveur de la liberté des transactions entre les peuples, malgré huit ans d'efforts, de persévérance et de sacrifices, disposant de la puissance industrielle dans le pays où l'industrie est parvenue à son apogée, ayant pour véhicule le bon sens d'un peuple éminemment pratique et pour instrument l'éloquence de Cobden, n'eût pas emporté d'assaut la citadelle du privilège, sans le renfort inespéré que lui ont apporté la famine et la misère.

La réforme dont M. Rowland Hill prit l'initiative en Angleterre se présente peut-être seule avec ce caractère, dans lequel la fortune entre sans doute autant que le mérite, d'avoir été adoptée presque aussitôt qu'elle était proposée. Le stage qu'on lui a fait faire n'a pas duré plus de trois ans. En 1837, M. Rowland Hill publiait la seconde édition de sa brochure : en 1838, la chambre des communes ouvrait une enquête sur ce projet ; en 1839, le gouvernement s'appropriait le système et obtenait des chambres qu'il fût converti en loi de l'état.

J'accorde que le réformateur a été pour beaucoup dans le prompt succès de la réforme. D'autres avaient eu pour instrumens ou pour appuis des intérêts fortement organisés ou des associations puissantes. M. Rowland Hill n'a pu compter que sur lui-même pour agir sur les esprits ; il n'a pas eu d'autre levier que son intelligence et sa volonté. L'autorité qui s'attache à une position élevée ne lui manquait pas moins que celle d'un talent reconnu, et c'étaient là des causes réelles d'impuissance ou d'infériorité dans un pays éminemment aristocratique. M. Rowland Hill n'était ni un grand seigneur comme lord Grey, ni un administrateur émérite comme sir Henry Parnell ou sir James Graham. La nature ne l'avait pas armé de cette éloquence qui passionne les grandes réunions d'hommes, quand elles entendent vibrer la parole d'O'Connell ou de Cobden. En revanche, M. Rowland Hill était doué, à un degré peu commun, même en Angleterre, de l'intelligence des détails et de la résolution la plus persévérante. Il appartenait à cette classe d'hommes politiques qui se cramponnent à une idée, qui la reproduisent dans toutes les circonstances, et qui ne l'abandonnent pas qu'elle n'ait triomphé ; mais, à la différence de M. Plumptree et de sir Robert Inglis, il avait jeté son dévolu sur une conception vraiment utile, et cette conception, au lieu de se borner à la produire à l'état d'une généralité plus ou moins vague, il l'avait élaborée de manière à présenter un ensemble complet, les moyens d'exécution à côté des principes. La simplicité du plan, la clarté de l'exposition, la logique et la vigueur que l'auteur portait dans le débat contradictoire, voilà ce qui lui attira d'emblée l'assentiment unanime et enthousiaste du pays.

Il faut dire aussi que l'administration des postes ne contribua pas médiocrement au succès de M. Rowland Hill par la résistance aveugle qu'elle opposait à toute pensée de réforme. Ses principaux agens firent une triste figure dans l'enquête ouverte sur ce projet. Ils se trouvaient hors d'état de donner des renseignemens exacts, et se laissaient battre par un homme étranger à l'administration jusque dans l'évaluation du nombre annuel des lettres. Quand on leur représentait que la réduction de la taxe uniforme d'un penny mettrait un terme à la contrebande épistolaire, ils prétendaient que l'habileté de la fraude déjouerait toutes les combinaisons, comme si la fraude pouvait subsister quand on n'avait plus aucun intérêt à la faire. Les pressait-on plus vivement d'admettre la réforme dans un service immobile depuis trente années ; ils répondaient que la besogne les accablait déjà, et que tout surcroît de travail serait envisagé par eux avec inquiétude.

Si l'administration des postes s'était bornée à contester l'exactitude des calculs de M. Rowland Hill et à établir que l'adoption du nouveau système amènerait un déficit considérable dans le revenu, l'opinion publique eût peut-être hésité et le gouvernement avec elle ; mais des agens du fisc qui étaient assez peu scrupuleux ou assez peu intelligens pour combattre le progrès au nom de leur paresse et de la routine quotidienne ne méritaient ni considération ni pitié. L'administration des postes travailla ainsi, sans le vouloir, au succès de la réforme ; elle fut l'ombre qui fait ressortir la lumière. L'exagération de l'ancienne taxe dissimula l'extravagance généreuse de la nouvelle. On se rejeta vers M. Rowland Hill, en haine du colonel Maberly et des sinécuristes qui lui formaient cortége. En 1839, et bien que le revenu de l'état se trouvât déjà inférieur à ses dépenses, le plan de M. Rowland Hill, recommandé par le ministère, fut adopté par les deux chambres du parlement. Pour apprécier plus sainement les résultats de cette réforme, il convient de se reporter à l'état de choses qui l'avait précédée.

En 1838, le nombre des lettres circulant dans le royaume-uni et acquittant la taxe était de 75 millions. 8 millions de lettres étaient transportées en franchise, ainsi que 30 millions de journaux. On supposait que la fraude portait sur des quantités au moins égales. Comment aurait-il pu en être autrement ? A une époque où le Penny Magazine, qui ne prenait pas la voie de la poste, était distribué d'un bout à l'autre de la Grande-Bretagne pour moins d'un centime par numéro, l'administration continuait à faire payer une taxe moyenne de 85 centimes par lettre. Le public ne pouvait pas se soumettre de bonne grace à rétribuer ce service quatre-vingt-dix ou cent fois ce qu'il devait naturellement coûter.

La taxe des lettres, quoique portant sur de faibles quantités, produisait ainsi des résultats considérables. En 1838, le revenu brut avait été de 2,346,278 livres sterl., ou d'environ 59 millions de francs. Le revenu net s'était élevé à 1,659,509 livres sterl., près de 42 millions de francs. Les produits de cette taxe, gênés dans leurs développemens par un tarif exagéré, n'avaient pas suivi cependant les progrès de la population ni ceux de la fortune publique. M. Rowland Hill fait remarquer que les droits établis sur les voitures publiques, qui rendaient, en 1815, 217,000 livres sterl., rapportaient en 1835 498,000 livres sterling, accroissement de 128 pour 100, tandis que, de 1815 à1825, le produit net de la taxe des lettres avait subi une légère diminution. Le calcul ne se présente pas tout-à-fait avec les mêmes élémens, si l'on prend pour base le produit brut qui offre une faible augmentation dans le même intervalle. Néanmoins tout revenu stationnaire est un revenu mal assis, et voilà ce que l'on pouvait justement dire de la taxe des lettres dans la Grande-Bretagne.

Était-il possible de réduire largement cette taxe sans compromettre le revenu que l'état en retirait ? M. Rowland Hill le pensa et eut l'imprudence de le dire. Il évalua l'accroissement probable dans la circulation des lettres au quintuple de celle qui existait, et n'entrevit qu'une réduction peu sensible dans les recettes de l'Échiquier. Son plan consistait, comme on l'a déjà pressenti, à réduire le port d'une lettre simple du poids maximum de 15 grammes à 1 penny, à faire vendre par l'administration des enveloppes ou des empreintes timbrées qui serviraient à affranchir les lettres, à rendre la distribution plus facile et plus rapide, à simplifier le travail de l'administration. Pour en assurer l'exécution, le ministère whig attacha M Rowland Hill à la trésorerie, et l'inventeur fut chargé ainsi de surveiller la mise en œuvre du système.

Les premiers résultats ne répondirent pas à l'attente générale ; le revenu se trouva profondément atteint, et la circulation des lettres n'augmenta pas dans la proportion que l'on avait d'abord admise. En 1840, le nombre des lettres montait de 75 à 168 millions, ou de 124 pour 100 ; mais le revenu net tombait de 1,633,000 livres sterling à 500,000, réduction de 330 pour 100. Le revenu s'est relevé depuis, mais lentement. Le nombre des lettres s'est constamment accru, mais par une alluvion presque insensible et non pas par une inondation subite. Aujourd'hui, 300 millions de lettres représentent la circulation annuelle (299,600,000 en 1846) ; le revenu net s'élève à 839,548 livres sterling (environ 21 millions de francs), et le revenu brut (1,978,294 liv. sterl.) n'est plus très éloigné du chiffre de 1839 [1].

Les gens prudents pensent peut-être qu'avec une taxe uniforme de 2 pence (21 centimes), la réforme se serait plus tôt et plus sûrement acclimatée en Angleterre. Elle eût en effet, selon toute probabilité, doublé dès la première année le nombre des lettres, et le revenu brut aurait gardé un niveau de 50 à 55 millions de francs ; mais, si l'Angleterre, en préférant la réforme la plus radicale, s'est exposée volontairement à creuser un déficit considérable dans les revenus du trésor, elle en a recueilli des avantages qui compensent et au-delà un sacrifice au demeurant temporaire. Un impôt, qui ne grevait pas seulement les intérêts, mais qui pesait encore sur les affections, a été levé. Les relations commerciales ont pris une nouvelle activité ; les rapports de famille sont devenus possibles malgré les distances, et la correspondance a resserré les liens qui rattachent les absens au pays natal. La reconnaissance publique ne s'y est pas trompée : elle a rangé depuis long-temps M. Rowland Hill parmi les bienfaiteurs de sa patrie et de son époque. La souscription ouverte en faveur de ce novateur ingénieux autant qu'énergique, sans aspirer aux proportions colossales de celle qui est ouverte à l'honneur de Cobden, a réalisé pourtant 16,000 livres sterling. Le gouvernement lui-même n'a fait que se rendre l'interprète du vœu public en appelant M. Rowland Hill à des fonctions qui ont un caractère de spécialité et de permanence.

En 1842, et dans les embarras du déficit, personne n'aurait trouvé extraordinaire que sir Robert Peel, faisant subir une certaine augmentation à la taxe uniforme, la portât d'un penny à 2 pence. Cet homme d'état craignit, avec raison, de troubler l'Angleterre dans la possession des résultats matériels et moraux qu'elle devait à la mesure ; il préféra créer un nouvel impôt. Depuis, plusieurs états ont adopté le principe de la taxe uniforme. Ceux qui ne se sentaient pas le courage d'aller jusque-là ont du moins procédé à la révision de leurs tarifs. La France est la seule contrée où l'on n'ait rien fait encore. Cependant la pensée d'une réforme dans la taxe des lettres ne s'est pas produite chez nous en dehors de l'administration, comme en Angleterre. C'est un homme pratique, un administrateur des postes, M. Piron, qui, dès 1837, dans un travail aussi concluant que remarquable, en a signalé la convenance et démontré la possibilité. J'ajoute que cette mesure ne semblait pas devoir rencontrer ici, dans les régions administratives, la même résistance que de l'autre côté du détroit. D'une part, le revenu net que nous tirons des postes est beaucoup moins considérable : depuis plusieurs années, il n'excède pas 19 millions de francs, et en supposant qu'il fallût en sacrifier une partie, les ressources du trésor n'en seraient que faiblement atteintes ; mais il y a mieux, le gouvernement n'avait jamais reculé devant les dépenses ou les suppressions de recette qui pouvaient contribuer à l'amélioration du service. L'administration des postes semblait animée d'un amour du progrès qui tranchait sur la routine habituelle des bureaux. En moins de vingt-cinq ans, elle avait rendu le transport des dépêches quotidien dans toutes les directions principales. Vingt-huit malle-postes, dix-huit cents entreprises particulières, dix mille facteurs ruraux et vingt paquebots à vapeur transportent les lettres, les imprimés et les articles d'argent. Le service journalier des malle-postes sur toutes les lignes date du 1er janvier 1828 ; le service rural, du 1er avril 1830. Avant 1828, il fallait plus de dix jours pour avoir une réponse de Marseille ; les communications de Paris avec Toulouse demandaient cent dix heures, avec Bordeaux quatre-vingt-six, avec Strasbourg soixante-dix. A partir de 1828, la marche des courriers a été accélérée à ce point, que les malle-postes ne mettent plus que soixante-deux heures entre Paris et Marseille, pour une distance de 780 kilomètres, cinquante heures entre Paris et Toulouse (679 kilomètres), trente-six heures entre Paris et Bordeaux (distance, 566 kilomètres), trente-cinq heures entre Paris et Strasbourg, et dix-neuf heures entre Paris et Sédan (255 kilomètres).

Ces améliorations avaient sans doute entraîné une augmentation sérieuse dans les frais d'exploitation. Ainsi, l'établissement du service quotidien avait ajouté près de 3 millions de francs aux dépenses, et la création du service rural 3,500,000 fr. ; mais ces dépenses avaient été presque aussitôt couvertes par l'accroissement des produits. A la différence de l'Angleterre, le revenu brut de la poste, en France, a toujours été croissant. En 1830, il était de 30,754,000 francs, et en 1845 de 52,515,914 francs. La taxe des lettres entre Marseille et Paris, qui avait produit 110,000 francs en 1827, dix ans plus tard en donnait 229,000. Le nombre des lettres taxées ou affranchies a suivi une progression analogue ; il était de 64 millions en 1830 et de 116 millions en 1845. Dans la même période, le nombre des journaux et imprimés transportés par la poste s'était élevé de 40 millions à 70 millions par année.

Tout ce que l'on pouvait faire, en accélérant le transport des dépêches, pour augmenter le nombre des lettres, l'administration des postes l'a fait. L'influence que devaient exercer sur le développement de la correspondance la régularité et la rapidité du service est aujourd'hui épuisée ; le pays et le trésor n'en ont plus rien à attendre. Sans doute l'exploitation des chemins de fer, qui rapproche, qui supprime en quelque sorte les distances, viendra modifier et modifie déjà le problème. Sur 86 millions de lettres qui ont circulé en 1845 de bureau à bureau, près de 45 millions n'ont pas franchi un rayon de 80 kilomètres, rayon qui représentait, avant l'ère des chemins de fer, la grande banlieue de Paris. Par l'usage de la vapeur, cette banlieue est déjà reportée sur quelques points et le sera bientôt sur tous à 250 ou 300 kilomètres. Avant peu d'années, il deviendra aussi facile d'entretenir des relations entre Dijon et Paris, entre Lille et Paris, entre Nevers et Paris, entre Paris et Nancy, entre Paris et le Hâvre, qu'il l'était, par les routes de terre, depuis 1829, de communiquer d'Orléans, de Fontainebleau, de Chartres, de Beauvais et de Château-Thierry avec la capitale. Les correspondances se multiplieront certainement au point de fournir dans le rayon de 80 à 300 kilomètres un nombre de lettres proportionnel à celui qui circule dans le rayon de 80 kilomètres, et les 30 millions de lettres qui circulent aujourd'hui entre 80 et 300 kilomètres s'élèveront sans difficulté à 125 millions.

Qui profitera de cet accroissement ? Sera-ce le trésor ? sera-ce plutôt la contrebande ? Si l'on réduit la taxe des lettres à un taux uniforme, s'il n'en coûte désormais pour écrire à 300 kilomètres que ce qu'il en coûte aujourd'hui pour écrire à 40 kilomètres, à savoir la modique somme de 20 centimes, le public n'aura pas intérêt à se servir d'une autre voie que la poste, qui lui donnera tout ensemble économie et sécurité ; mais si l'on conservait le tarif actuel, qui s'étend depuis 40 centimes jusqu'à 60 centimes par lettre simple, alors la fraude prendrait une extension considérable. Les négocians enverraient leurs lettres sous l'enveloppe des paquets ou articles de messagerie qu'ils feraient transporter par les chemins de fer. Les lettres adressées à des parens ou à des amis seraient transportées par des voyageurs qui les confieraient, en arrivant, à la petite poste, quand ils ne pourraient pas les remettre eux-mêmes. Le service de la petite poste ne tarderait pas à remplacer de fait et à annuler le service de bureau à bureau. M. Piron évaluait, en 1837, la fraude qui se commet sur le transport des lettres à 40 ou 45 millions ; si l'on conserve la taxe actuelle, le nombre des lettres circulant en contrebande égalera bientôt et dépassera peut-être le nombre des lettres transportées par la poste. La taxe uniforme, qui pouvait n'être, il y a quelques années, qu'une convenance, va devenir une nécessité absolue. L'administration des postes a dû embarquer ses malles sur les chemins de fer pour éviter que le transport des personnes ne primât celui des correspondances ; si elle ne veut pas que les voies nouvelles de communication, qui lui enlèvent déjà les voyageurs, n'annulent ou tout au moins n'écornent dans ses mains le produit des lettres, elle aura recours à l'expédient universel et toujours infaillible du bon marché.

Mais ne vient-elle pas de faire elle-même une tentative dont les premiers résultats semblent être d'une nature très rassurante ? Lorsque le gouvernement et les chambres admirent la réduction à 2 pour 100 du droit établi sur les articles d'argent, qui était auparavant de 5 pour 100 sans compter le timbre, et qui produisait annuellement un peu plus d'un million, on s'attendait à voir le produit de cette taxe tomber à 420,000 francs. Eh bien ! les sommes déposées, qui représentaient, dans les deux premiers mois de 1845, 4,061,839 francs, ont figuré, dans les mois de janvier et février 1847, pour 6,234,237 francs. L'accroissement a été de 53 pour 100, malgré les circonstances les plus défavorables, et l'on est en droit de conclure, de ce commencement d'expérience, que le revenu de 1847, après la réduction de la taxe, ne sera pas sensiblement inférieur à celui de 1846. En Angleterre, le droit perçu par l'administration des postes pour le transport des articles d'argent n'est que de 60 centièmes pour 100. La modération de la taxe a donné à cette partie du service et au revenu qu'elle produit une impulsion extraordinaire. En 1839, les dépôts se composaient de 142,000 articles, représentant un peu plus de 6 millions de francs ; en 1845, les 2,627,173 dépôts représentaient la somme énorme de 137 millions : l'accroissement a donc été de 2,283 pour 100 en six années.

Lorsque la circulation des lettres rencontre les mêmes facilités que le transport des personnes, il est naturel qu'elle se développe dans la même proportion. Les choses se passent-elles de la sorte en France ? On en jugera par le rapprochement qui suit. En 1816, le droit du dixième perçu par le trésor sur le transport des voyageurs par voitures publiques produisait 1,669,367 francs, et en 1836, 4,305,369 francs ; en 1845, et sans compter la contribution fournie par les entreprises de chemins de fer, le produit était de 8,771,449 francs. En trente années, l'accroissement du revenu pour cette branche de l'impôt avait donc été de 562 pour 100. Aux deux points extrêmes de cet intervalle, le produit de la taxe établie sur le transport des lettres avait été, en 1816, de 19,825,000 fr., et de 46,678,388 fr. en 1845 : progrès, 234 pour 100. Pourquoi cette différence ? D'où vient que, si l'on voyage aujourd'hui cinq ou six fois autant que l'on voyageait il y a trente ans, on écrit à peine deux fois autant que l'on écrivait il y a un quart de siècle ? Cela tient évidemment à ce que le prix du transport par les voitures publiques s'est réduit en même temps que ces entreprises amélioraient leurs moyens de locomotion et apprenaient à franchir rapidement les grandes distances, tandis que l'administration des postes, en doublant, en triplant la vitesse des courriers, a négligé de comprendre dans ses réformes cet autre élément essentiel de tout progrès sérieux et durable, le bon marché.

Dès que les grandes lignes de chemins de fer sillonneront, du nord au sud et de l'est à l'ouest, le territoire national, il ne restera plus rien à faire chez nous pour le transport des personnes. Tant que la taxe des lettres, au contraire, restera ce qu'elle est, un impôt onéreux pour le riche et absolument prohibitif pour le pauvre, on n'aura pas satisfait des besoins qui existent déjà et qui demandent encore à se développer. Le tarif des lettres agit aujourd'hui dans un sens inverse du tarif des places sur les chemins de fer et sur les voitures publiques ; il ressemble à notre système de douanes : au lieu de favoriser, de provoquer les correspondances, on dirait qu'il se propose d'en gêner et d'en limiter la circulation.

Quoique la réforme de ce tarif absurde, qui s'étend depuis 20 centimes jusqu'à 1 franc 20 centimes pour une lettre simple du poids de 7 grammes et demi, n'ait pas été sollicitée par l'opinion publique avec la même énergie que de l'autre côté du détroit, l'accord des esprits sur ce point a été pourtant remarquable : soixante-dix-sept conseils-généraux la réclament. La chambre des députés s'en est occupée à plusieurs reprises. Le gouvernement lui-même, dans l'espoir de la faire ajourner, s'est déterminé à des concessions importantes.

En 1844, M, de Saint-Priest proposa à la chambre des députés un système qui consistait à remplacer, pour toutes les distances au-delà de 40 kilomètres, les diverses zones du tarif par une taxe de 30 centimes, il n'y aurait eu que deux taxes dans cette combinaison, la taxe à 20 centimes et la taxe à 30. La commission qui fut chargée de l'examiner se borna à poser, par l'organe de son rapporteur, M. Chégaray, des conclusions théoriques ; elle établit du moins très nettement la supériorité de la taxe unique sur tout autre système de tarif. La chambre, plus conséquente ou plus pressée, prit la commission au mot, et, sur un amendement présenté par MM. Monnier de la Sizeranne et Muteau, décida, par 130 voix contre 129, l'adoption de la taxe uniforme de 20 centimes. Le lendemain, il est vrai, la proposition venait échouer, dans un vote d'ensemble, à 170 voix contre 170. Sous l'impression de ce vote, le ministère comprit qu'il y avait là des convictions et des exigences auxquelles il ne pourrait pas résister long-temps. En février 1846, il présenta aux chambres un projet qui ne réduisait le tarif qu'à la condition de conserver la complication des zones. Suivant ce système, le port d'une lettre simple aurait été fixé à 1 décime jusqu'à 20 kilomètres inclusivement ; à 2 décimes, de 20 kilomètres à 40 ; à 3 décimes, de 40 kilomètres jusqu'à 120 ; à 4 décimes, de 120 kilomètres jusqu'à 300 ; et à 5 décimes, au-delà de 360 kilomètres. En même temps, l'administration consentait à supprimer le décime rural et à réduire à 2 pour 100 le droit établi sur les articles d'argent. La perte à supporter par le trésor, comparativement au revenu de 1845, devait être de 11,398,000 fr. dans ce malencontreux système.

La commission de la chambre, trompée comme le gouvernement lui-même par des renseignemens qui représentaient sous un faux jour les effets de la taxe uniforme en Angleterre, adopta la combinaison proposée par M. le ministre des finances. Elle se contenta d'étendre la zone dans laquelle devait régner la taxe de 40 centimes jusqu'à 400 kilomètres, et de substituer dans le rayon de 20 kilomètres la taxe de 15 centimes à celle de 10 ; mais, à la publication du rapport, le mécontentement fut tellement prononcé et la clameur si haute, que le ministère n'osa pas affronter la discussion. Le projet de loi fut retiré pour faire place à un nouveau projet, qui se bornait à prononcer la suppression du décime rural, et la réduction du droit de 5 pour 100 sur les articles d'argent à 2 pour 100. On renonçait ainsi à toute chance d'augmentation dans le revenu par la modération de la taxe. Le trésor sacrifiait une partie de ce revenu pour conserver le reste. C'est la transaction, c'est l'attermoiement que les chambres ont accepté.

En admettant l'ajournement d'une réforme sérieuse dans les bases du tarif, la précédente chambre avait en quelque sorte donné rendez-vous aux réformateurs pour la session qui allait suivre. « La nécessité d'une réforme, disait le rapporteur, M. Vuitry, est un fait désormais acquis. Les intérêts du commerce et de l'industrie sont sérieusement engagés dans cette question, dont on ne peut méconnaître non plus le côté moral. » C'est pour répondre à cet appel que M. Glais-Bizoin a proposé à la chambre de remplacer le tarif actuel par une taxe uniforme de 20 centimes. La proposition, renvoyée à l'examen d'une commission, vient d'être l'objet d'un rapport, dans lequel M. É. de Girardin ne laisse aucune objection sans réponse. Le débat s'ouvrira dans quelques jours.

Deux choses sont aujourd'hui également impossibles. On ne peut pas, l'administration elle-même le reconnaît, prolonger l'existence du tarif actuel, qui élève le port de la lettre simple pour les longues distances à un taux qui dépasse très souvent le salaire quotidien de l'ouvrier. On ne peut pas, en le modifiant, partir des mêmes bases, car le système des zones, la graduation de la taxe selon les distances, est positivement contraire à ce principe de notre droit public, qui consacre l'égalité des charges pour tous les citoyens.

Le tarif a deux élémens, qui sont les frais du service et l'impôt. L'impôt doit peser également sur toutes les localités et sur tous les individus ; il n'y a pas de raison pour que l'on grève les habitans de Marseille ou de Toulouse en dégrévant ceux de Versailles ou de Saint-Germain. Les frais du service, au contraire, peuvent varier suivant les lieux et presque selon les personnes. Mais, dans la dépense même, n'y a-t-il pas un élément fixe et qui ne change pas ?

M. Chégaray a établi que la dépense applicable à chaque lettre, dans les frais généraux d'administration, était de 8 centimes. Il a démontré en même temps que la proportion des frais de transport, frais qui varient naturellement en raison des distances, était de 1 centime trois quarts pour la lettre qui coûtait le moins, et de 6 centimes trois quarts pour la lettre qui coûtait le plus. En combinant les deux élémens de dépense, on trouve que la différence entre les lettres transportées à 40 kilomètres et les lettres transportées à 1,000 kilomètres est à peine de v centimes par lettre. Une différence aussi peu appréciable peut-elle légitimement servir de base à une graduation quelconque du tarif ? Il me paraît difficile de le soutenir. Je ferai du reste observer que la question a déjà été tranchée par les chambres. En supprimant le décime rural, qui représentait à peine le surcroît de frais déterminé par la distribution à domicile dans les campagnes, elles ont décidé par le fait qu'une différence dans les frais du service entre diverses localités, même jusqu'à concurrence de 10 ou 12 centimes, ne justifiait pas l'introduction d'une surtaxe dans le tarif.

En supposant que le tarif dût être gradué selon les distances, la surtaxe s'élèverait naturellement non pas d'un décime, mais d'un demi-centime à peu près par zone. Est-ce là l'échelle de prix que la poste observe ? « La lettre qui ne parcourt que 40 kilom., dit M. Chégaray, et qui coûte 9 centimes trois quarts, acquitte une taxe de 20 centimes ; elle paie par conséquent un impôt de 10 centimes un quart. La lettre qui parcourt la distance la plus longue, et pour laquelle on dépense 14 centimes trois quarts, paie une taxe de 1 franc 20 centimes, c'est-à-dire 1 franc 5 centimes trois quarts d'impôt, c'est-à-dire encore un impôt onze fois plus fort que la première. » Admettons que l'on restreigne à 50 centimes la limite extrême de la taxe des lettres, ainsi que l'administration des postes l'avait proposé, l'impôt à ce taux serait encore de 35 centimes un quart, c'est-à-dire à peu près trois fois et demie plus fort dans le dernier cas que dans le premier. M. de Girardin n'a-t-il pas raison d'invoquer contre le maintien du système actuel les promesses et les garanties données par la charte ?

Si faible que soit aujourd'hui la différence des frais de transport, elle tend encore à se réduire. En autorisant la concession des grandes lignes de chemins de fer, les chambres ont généralement stipulé que le service des malle-postes serait fait gratuitement ou moyennant une rétribution sans importance. Lorsque ces lignes seront en exploitation, le transport d'une lettre ne coûtera pas plus entre Paris et Lille, entre Lyon et Paris, qu'entre Paris et Versailles. Les frais variables deviendront en quelque sorte des frais fixes. Quand on a ainsi en perspective l'uniformité de la dépense, peut-on hésiter à rétablir l'uniformité et l'égalité de l'impôt ?

Outre la raison de justice distributive, l'administration en France est engagée, plus qu'elle ne croit, par des précédens nombreux et qui font autorité dans la circonstance. Non-seulement elle vend le tabac et la poudre à feu, malgré l'éloignement où peut se trouver le consommateur de l'atelier qui produit, le même prix à Brest qu'à Strasbourg, et à Bordeaux qu'à Lille ; mais, dans le service même des postes, pendant que l'on applique aux lettres un tarif gradué et excessif, on accorde un tarif uniforme, un tarif qui n'est pas rémunérateur, aux imprimés et aux journaux. Le même principe a été étendu aux articles d'argent, qui acquittent un droit uniforme pour toutes les distances. Pourquoi cette distinction entre la parole imprimée et la parole écrite ? De deux choses l'une : ou l'on croit que l'uniformité et le bon marché du tarif sont des avantages d'ordre public, et il faut en faire jouir les lettres ainsi que les journaux ; ou l'on pense que ce système est onéreux à l'état, qu'il a des inconvéniens sérieux dans la pratique, et, dans ce cas, il faut y renoncer pour les imprimés, quand on persiste à le repousser pour les lettres. La fixité de la taxe pour les journaux et la graduation de la taxe pour les lettres sont deux systèmes incompatibles, et qui ne pourraient pas, sans un véritable désordre, marcher côte à côte plus long-temps.

Allons droit à l'obstacle. Personne, à cette heure, ne conteste la nécessité de substituer au tarif actuel des lettres une taxe uniforme et modérée. On reconnaît que toutes les classes de la population y gagneraient. On ne dit plus que la taxe à 20 centimes serait établie au bénéfice exclusif des banquiers, qui, après tout, ne figurent dans le commerce de l'argent que comme les intermédiaires des petits capitalistes. On sait qu'il s'agit principalement de rétablir, au profit des classes laborieuses et des familles pauvres, cette faculté d'écrire, sur laquelle pèse une prohibition indirecte, mais réelle. On admet enfin que, si le trésor doit sacrifier à cette réforme une partie de son revenu, le sacrifice ne sera que temporaire, et que l'accroissement amené dans le nombre des correspondances par la modération de la taxe ne tardera pas à combler le vide qui se fera sentir dans les premiers résultats.

L'objection qui s'élève est celle-ci : une grande calamité, la disette des céréales, afflige le pays et jette le trouble dans les opérations du commerce et de l'industrie ; les dépenses de l'état, qui excédaient déjà le revenu public, tendent à s'accroître. Une situation pareille permet-elle au gouvernement et aux chambres d'accueillir une réforme qui retrancherait, ne fût-ce que pour la période la plus courte, quelque chose des ressources déjà insuffisantes du trésor ?

En consultant les résultats de l'année 1846, on trouve que, sur 120,915,000 lettres, 90,470,000 ont circulé, de bureau à bureau, dans l'intérieur du royaume. Le produit brut de la taxe pour ces 90 millions de lettres a été de 38,995,000 francs ; mais comme 28,046,000 de ces lettres circulent dans un rayon de 40 kilomètres et acquittent déjà par conséquent la taxe de 20 centimes, la réforme devra porter sur les 62,424,000 lettres des zones éloignées, et respecter néanmoins un produit qui s'élève à 33,051,000 francs. Si le nombre des lettres restait ce qu'il est, la taxe à 20 centimes entraînerait une perte de 19,818,000 fr., perte à peu près égale au bénéfice général que le service des postes donne à l'état. La commission a calculé que, pour maintenir le niveau actuel des recettes, une augmentation de 93 millions de lettres serait nécessaire. Est-il raisonnable de compter sur un tel accroissement dès la première année de la réforme ? Voilà toute la question.

Je n'hésiterais pas à me prononcer pour l'affirmative. En Angleterre, sous l'impulsion de la taxe à un penny, le nombre des lettres s'est accru, dès la première année, au delà de 100 pour 100 ; en France, et avec la taxe de 20 centimes, il suffirait de porter la circulation de 120 millions de lettres à 203 millions, et d'obtenir par conséquent un accroissement de 77 pour 100. On doit ajouter que la taxe d'un penny, combinée en Angleterre avec le poids de 15 grammes accordé pour la lettre simple, comportait plus d'une lettre sous le même pli, en sorte que le nombre apparent de 165 millions de lettres en représentait peut-être en réalité 225 à 250 millions. En France, au contraire, le poids de la lettre simple devra rester inférieur à 7 grammes et demi, et de cette manière il devient probable que la circulation nouvelle, provoquée par l'abaissement de la taxe, profitera tout entière au trésor.

En fait de probabilités, je ne prétends pas que tout le monde soit accessible à la même confiance ; mais si la chambre des députés craint d'aventurer le revenu public par une réforme trop brusque et trop complète, pourquoi n'adopterait-elle pas, à l'exemple du parlement britannique, une mesure de transition ? En Angleterre, on a fait précéder l'application de la taxe à un penny, pendant deux mois, par l'adoption transitoire de la taxe à deux pence (21 centimes). C'était un moyen, non pas seulement de ménager le revenu, mais de préparer l'action administrative à défrayer, sans embarras ni désordre, un surcroît considérable de circulation. La taxe de 30 centimes, appliquée pendant un ou deux ans à titre de préparation, remplirait chez nous le même office. Elle appliquerait peut-être au progrès un stimulant moins énergique ; mais, en revanche, ce progrès aurait le temps de se développer et de s'accomplir.

Avec une taxe uniforme de 30 centimes, au-delà du rayon de 40 kilomètres, et en supposant que le nombre des lettres restât le même, le déficit de ce produit actuel se trouverait réduit à moins de 15 millions de francs ; il suffirait pour le combler que le nombre des lettres s'accrût de 46 millions dans le rayon de 40 kilomètres à 900, c'est-à-dire que le nombre total fût porté de 120 à 166 millions. Je ne crois pas que le pessimiste le plus déterminé conteste la certitude presque absolue d'un pareil résultat.

La question de savoir si l'on doit, dans le système d'une taxe uniforme, rendre obligatoire l'affranchissement préalable, n'était pas tranchée par la proposition de M. Glais-Bizoin. La commission, par l'organe de M. de

Girardin, se prononce contre cette forme de perception qui est pourtant d'un usage universel en Angleterre. Je ne la discuterai pas ; on peut laisser aux faits le soin de vider cette difficulté. Si le nombre des lettres ne fait que doubler ou tripler en France, sous l'empire de la taxe à 20 centimes, l'affranchissement préalable, qui simplifie la distribution et par conséquent la dépense, ne deviendra peut-être pas nécessaire. Une circulation plus forte amènera cette nécessité, à moins que l'on ne veuille augmenter le personnel et le budget dans une proportion considérable.

En résumé, le tarif actuel des lettres est à la fois inique et oppressif. Il gêne les rapports des citoyens entre eux et comprime l'essor du revenu. Dans l'économie générale d'une société qui tend à multiplier les relations de ses membres, qui développe à l'infini ses moyens de locomotion et de transport, il constitue une anomalie véritable. La réforme est dans tous les vœux ; elle est possible dès aujourd'hui avec quelques tempéramens. Par quel motif, dans quel intérêt la replongerait-on dans ces limbes éternels de l'ajournement qui engloutissent en France, depuis trente ans, les idées, et jusqu'aux affaires ?

Nous sommes fiers de la multitude des livres qui se publient au XIXe siècle ; nous énumérons avec complaisance les journaux répandus en France, et nous ne voyons pas sans orgueil s'accroître leur clientèle : à Dieu ne plaise que je proteste contre les facilités que peut rencontrer ce progrès ! Mais la civilisation n'est pas tout entière dans la diffusion de la lettre moulée ; elle ne consiste pas uniquement dans les journaux et dans les livres : elle vit du contact des sentimens et des affections autant que de l'échange des idées. Que dirait-on d'une loi qui interdirait aux hommes les épanchemens du foyer domestique pour les obliger à se rencontrer dans la vie commune des clubs ? Voilà pourtant ce que fait le pouvoir, quand il favorise la circulation des journaux, sans donner des facilités équivalentes à la circulation des lettres : on néglige les mœurs pour les opinions ; on oublie que l'esprit public a besoin lui-même de se retremper à la source vive des sentimens et des sympathies.

LEON FAUCHER

NOTE

[1] En 1847, le nombre des lettres paraît devoir s'accroître dans une proportion plus rapide et plus forte. Grace à l'obligeance combinée de M. Rowland Hill et de M. Piron, je reçois à l'instant un tableau dont tous les chiffres sont authentiques, et qui semble annoncer un accroissement de 35 à 40 millions de lettres pour 1847. Voici le résultat comparatif de trois semaines prises dans les trois premiers mois de 1846 et 1847 :

1846   1847

Semaine finissant le 21 janvier   5,832,409 lettres   6,126,954

« « le 21 février 5,931,289 6,569,696

« « le 21 mars   5,663,100 6,111,773

www.ingramcontent.com/pod-product-compliance
Lightning Source LLC
Chambersburg PA
CBHW070802180526
45168CB00004B/1724